Matemáticas 4º ESO
4. Ecuaciones

José Rodolfo Das López

Matemáticas 4º ESO - 4. Ecuaciones
© José Rodolfo Das López, 2018.
Correo Electrónico: jose.das@jrdas.org
Diseño portada y contraportada: Claudia Escribano Máñez
Edita: Sección del IES Fernando III de Ayora en Jalance

ISBN: 978-84-17613-04-4
Depósito Legal: V-1553-2018
1ª edición: Mayo, 2018

Índice

Índice	**3**
1 Ecuaciones y raíces	**5**
2 Ecuaciones polinómicas de grado superior a 2.	**18**
3 Ecuaciones racionales	**30**
4 Ecuaciones irracionales	**35**
5 Ecuaciones logarítmicas	**45**
6 Ecuaciones exponenciales	**50**
Soluciones	**58**

1 Ecuaciones y raíces

Una **ecuación** es una igualdad entre dos expresiones formadas por letras, las incógnitas, y números, relacionados por operaciones aritméticas. **Solución** de una ecuación es cualquier conjunto de valores de las incógnitas que al sustituirlo en la ecuación hace que se convierta en una igualdad verdadera. Una ecuación es **compatible** si tiene solución real (en el sentido de que es un número que pertenece al conjunto de los números reales) e **incompatible** si no la tiene. Dos ecuaciones son **equivalentes** si tienen la misma solución.

Para obtener ecuaciones equivalentes a una dada se pueden aplicar las siguientes dos reglas, usadas habitualmente en la resolución de ecuaciones de todo tipo

- Regla de la suma: Se puede sumar o restar la misma cantidad a los dos miembros de la ecuación.

- Regla del producto: Se puede multiplicar o dividir los dos miembros de una ecuación por un número distinto de cero.

Una **ecuación polinómica** es aquella en la que únicamente intervienen polinomios. Su **grado** es el máximo grado de los polinomios que la determinan.

Ecuaciones polinómicas de primer grado. Una ecuación de primer grado puede tener una, ninguna o infinitas soluciones.

La forma de resolución de estas ecuaciones es la que ya hemos estudiado en cursos anteriores: mediante la combinación en pasos sucesivos de las reglas de la suma y del producto se debe conseguir que a un lado del igual haya una "x" y en el otro lado haya un número.

Ejercicio resuelto 1.1

Resuelve las siguientes ecuaciones:

- $2x - \frac{x}{3} - 1 = 2(x-1)$
- $2(x-2) + \frac{x}{2} = \frac{5x-8}{2}$
- $3x - \frac{x-1}{3} = \frac{8}{3}x - 1$

- La ecuación $2x - \frac{x}{3} - 1 = 2(x-1)$ tiene solución única $x = 3$:

$$2x - \frac{x}{3} - 1 = 2(x-1)$$
$$6x - x - 3 = 6x - 6$$
$$-x = -3$$
$$x = 3$$

- La ecuación $2(x-2) + \frac{x}{2} = \frac{5x-8}{2}$ tiene infinitas soluciones:

$$2(x-2) + \frac{x}{2} = \frac{5x-8}{2}$$
$$4x - 8 + x = 5x - 8$$
$$0x = 0$$

Cualquier número real es solución de la ecuación.

- Por último, la ecuación $3x - \frac{x-1}{3} = \frac{8}{3}x - 1$

$$3x - \frac{x-1}{3} = \frac{8}{3}x - 1$$
$$9x - x + 1 = 8x - 3$$
$$0x = -4$$

Ningún número real multiplicado por 0 da como resultado un número no nulo.

Ejercicios

1. Si se divide un número por 5 y por 13 y se suman los cocientes, el resultado es 72. Halla dicho número.

2. Si sumamos cuatro números impares consecutivos da como resultado 72. ¿Cuáles son estos números?

3. Un padre tiene 48 años, y su hijo, 15. ¿Cuántos años han de pasar para que la edad del padre sea justo el doble de la del hijo?

4. Resuelve las siguientes ecuaciones enteras:

   (a) $\frac{x-3}{2} - \frac{x-8}{12} = \frac{5-x}{4} - \frac{x}{3}$

   (b) $\frac{1}{2}\left(\frac{2x-5}{3} - \frac{x+3}{2}\right) = \frac{1}{5}\left[\frac{5}{4} + \frac{10x-5}{3} - (2x-3)\right]$

Ejercicios

5. Resuelve las siguientes ecuaciones enteras:

   (a) $\frac{1-x}{1-\frac{3}{4}}\left(x - \frac{x+\frac{1}{2}}{1-\frac{3}{4}}\right) = (4x-3)(3x-4)$

   (b) $-\frac{3(2-3x)}{4} - \frac{x-2}{18} = \frac{3x-5}{9} + \frac{5}{6}$

   (c) $2x - 2(3x-1) + 4(2x-5) - 10 = 8x$

   (d) $2x - \frac{3x-1}{3} = x + \frac{1}{3}$

   (e) $\frac{3x-1}{4} - 2x = \frac{2x-\frac{7}{4}}{2} - (3x-1)$

   (f) $\frac{x+10}{2} + \frac{2(x-2)}{5} = \frac{5x-15}{3}$

   (g) $\frac{2x}{3} - \frac{x-2}{12} + \frac{x+3}{2} = 2x - \frac{1}{6}$

   (h) $\frac{2x-3}{4} + \frac{x}{2} - \frac{3x-1}{5} = 2x - 1$

6. Comprueba que estas ecuaciones son de primer grado y resuélvelas:

   (a) $(x-3)^2 + 5 = (x-1)^2 - 11$

   (b) $\frac{x+2}{3} = \frac{x^2 - 3x - 1}{3x - 12}$

Ejercicios

7. Comprueba que estas ecuaciones son de primer grado y resuélvelas:

   (a) $\dfrac{1}{x-3}+2=\dfrac{4x-21}{2x-11}$

   (b) $\dfrac{\left(x-\frac{1}{2}\right)^2-\left(\frac{2x-3}{2}-1\right)^2}{2}=\dfrac{\frac{2}{3}-1}{\frac{1}{6}-\frac{1}{2}}$

   (c) $(x-1)^2+(x+2)^2-1=2(x-3)(x+3)$

8. Para participar en las próximas competiciones locales de atletismo se deben pasar dos pruebas. En la primera se elimina al 60% de los participantes, y en la segunda, a las dos terceras partes de los que quedan. ¿Cuántos participantes se apuntaron en un principio si después de las dos pruebas quedan 10 atletas para competir en la final?

9. Descompón el número 133 en dos partes tales que, al dividir la parte mayor por la menor, nos dé 4 de cociente y 8 de resto.

10. Busca dos números consecutivos tales que, añadiendo al mayor la mitad del menor, el resultado excede en 13 a la suma de la quinta parte del menor con la onceava parte del mayor.

Ejercicios

11. Dos coches de línea salen simultáneamente desde dos ciudades que distan entre sí 600 km. Si uno lleva una velocidad de 56 km/h, y el otro de 64 km/h, ¿después de cuánto tiempo y a qué distancia de las dos ciudades se encontrarán?

12. El perímetro de un trapecio isósceles mide 196 m y cada lado oblicuo mide 34 m. Halla las bases y el área del trapecio, sabiendo que una base es $\frac{3}{5}$ de la otra.

13. Si al doble de un número le restamos la mitad de su siguiente, el resultado es igual a la suma de los dos números. ¿De qué números se trata?

Ecuaciones polinómicas de segundo grado. La ecuación de segundo grado siempre puede escribirse en la forma: $ax^2 + bx + c = 0$. Desde hace algunos años, usáis de forma habitual la expresión

$$x = \frac{-b \pm \sqrt{b^2 - 4ac}}{2a}$$

Pero ¿de dónde sale esta fórmula? Para obtener esta expresión, que da sus soluciones en el caso de una ecuación de segundo grado general se procede así:

- Se divide toda la ecuación por a: $x^2 + \frac{b}{a}x + \frac{c}{a} = 0$

- Se completan cuadrados, sumando y restando $\frac{b^2}{4a^2}$ a cada miembro:

$$x^2 + 2\frac{b}{2a}x + \frac{b^2}{4a^2} - \frac{b^2}{4a^2} + \frac{c}{a} = \left(x + \frac{b}{2a}\right)^2 - \frac{b^2}{4a^2} + \frac{c}{a} = 0$$

- Se despeja x:

$$\left(x+\frac{b}{2a}\right)^2 = \frac{b^2}{4a^2} - \frac{c}{a} = \frac{b^2-4ac}{4a^2}$$

$$x+\frac{b}{2a} = \pm\sqrt{\frac{b^2-4ac}{4a^2}} = \pm\frac{\sqrt{b^2-4ac}}{2a}$$

$$x = -\frac{b}{2a} \pm \frac{\sqrt{b^2-4ac}}{2a} = -\frac{b \pm \sqrt{b^2-4ac}}{2a}$$

Se llama **discriminante** de la ecuación $ax^2+bx+c=0$ al número $\boxed{\Delta = b^2-4ac}$.

- Si $\Delta > 0$, la ecuación tiene dos soluciones reales diferentes.

- Si $\Delta = 0$, la ecuación tiene una única solución real (solución doble).

- Si $\Delta < 0$, la ecuación no tiene ninguna solución real.

La suma y el producto de las dos soluciones de una ecuación de segundo grado se relacionan por expresiones muy sencillas: las fórmulas de Cardano-Vieta.

$$\boxed{x_1 + x_2 = \frac{-b+\sqrt{b^2-4ac}}{2a} + \frac{-b-\sqrt{b^2-4ac}}{2a} = \frac{-2b}{2a} = \frac{-b}{a}}$$

$$\boxed{\begin{aligned}x_1 \cdot x_2 &= \frac{-b+\sqrt{b^2-4ac}}{2a} \cdot \frac{-b-\sqrt{b^2-4ac}}{2a} = \frac{(-b)^2 - \left(\sqrt{b^2-4ac}\right)^2}{4a^2} \\ &= \frac{b^2-b^2+4ac}{4a^2} = \frac{4ac}{4a^2} = \frac{c}{a}\end{aligned}}$$

Así, $x_1 + x_2 = -\frac{b}{a}$ y $x_1 \cdot x_2 = \frac{c}{a}$.

Ecuaciones incompletas. Recuerda que si b o c son nulos, la ecuación de segundo grado es incompleta y no es necesario aplicar la fórmula general para resolverla. No obstante, que no sea necesario aplicar la fórmula general, no implica que no se pueda usar. En este sentido distinguimos 3 casos:

- Si $b = c = 0$, la ecuación resultante es $ax^2 = 0$ que tiene una única solución doble, $x = 0$.

- Si $b = 0$, la ecuación queda $ax^2 + c = 0$ que tiene como raíces simples y diferentes $x = \pm\sqrt{\frac{-c}{a}}$ siempre que $\frac{-c}{a} > 0$. En caso contrario, no tiene ninguna raíz.

- Si $c = 0$, la ecuación queda $ax^2 + bx = x(ax+b) = 0$ que tiene como soluciones $x = 0$ y $x = \frac{-b}{a}$.

Ejercicios

14. Factoriza con la fórmula de resolución de la ecuación de segundo grado. Indica las raíces:

    (a) $x^2 + 2x - 3$

    (b) $2x^2 - 3x - 2$

    (c) $\frac{1}{3}x^2 - x - \frac{10}{3}$

    (d) $-x^2 + 3x + 4$

    (e) $6x^2 + 11x - 10$

    (f) $2x^2 - \frac{3}{2}x + \frac{1}{4}$

    (g) $3x^2 + 7x - 6$.

    (h) $x^2 - x - 2$.

15. Las ecuaciones $x = a$ y $x^2 = a^2$, ¿tienen las mismas soluciones? ¿Por qué?

Ejercicios

16. Escribe la forma canónica de las siguientes ecuaciones y halla la suma y el producto de sus raíces:

(a) $x + 2x^2 - 5 = 0$

(b) $3 = x^2 - 2x$

(c) $(x-a)^2 + 2 = x$

(d) $21x - 100 = x^2 + 21 - x$

(e) $\frac{2x^2-1}{2} - \frac{x-1}{3} = \frac{1-x}{6}$

(f) $(x-\sqrt{6})(x+\sqrt{6}) = \sqrt{3}(x+1) - (x+6)$

(g) $\frac{2x-1}{x+1} - \frac{x-7}{x-1} = 4 - \frac{3x-1}{x+2}$

(h) $\frac{x+4}{3} - \frac{7-x}{x-3} = \frac{4x+7}{9} - 1$

(i) $\frac{x+1}{x-1} - \frac{x+12}{x+1} - 1 + \frac{x+2}{x-2} = 0$

(j) $2x^2 - 12x + 16 - (x^2 - 4x + 3) = 0$

(k) $(2-3x)^2 - \left(3 - \frac{x}{2}\right)^2 = (1-x)(1+x)$

(l) $3\left(x + \frac{1}{3}\right)(2x-1) - \frac{2x^2-7x}{2} = -\frac{x-1}{3} + x^2 + 2$

Ejercicios

17. Escribe la forma canónica de las siguientes ecuaciones y halla la suma y el producto de sus raíces:

    (a) $2(3x-2)+x(x-1) = -4$

    (b) $\frac{x^2+1}{2} - \frac{2x-3}{4} + \frac{x^2}{6} = \frac{59}{12}$

18. Determina las ecuaciones de segundo grado que tienen por suma y producto de raíces los valores que a continuación se señalan:

    (a) $s = 5$, $p = 6$

    (b) $s = -5$, $p = 6$

    (c) $s = -\frac{5}{6}$, $p = -\frac{1}{6}$

    (d) $s = \frac{1}{2}$, $p = -\frac{1}{9}$

    (e) $s = \sqrt{3}-1$, $p = -\sqrt{3}$

    (f) $s = \frac{\sqrt{3}+1}{\sqrt{3}}$, $p = \frac{\sqrt{3}}{3}$

Ejercicios

19. Forma las ecuaciones cuyas raíces son:

    (a) $x_1 = -1, x_2 = 4$

    (b) $x_1 = 3, x_2 = 5$

    (c) $x_1 = -2, x_2 = -\frac{3}{2}$

    (d) $x_1 = a - b, x_2 = a + b$

    (e) $x_1 = 1 - \sqrt{3}, x_2 = 1 + \sqrt{3}$

20. Resuelve las siguientes ecuaciones:

    (a) $3x^2 + 2x - 5 = 0$

    (b) $4x^2 - 32x = 0$

    (c) $12x^2 - 18 = 0$

    (d) $2x^2 - 12x + 16 = 0$

    (e) $x^2 - 4x + 3 = 0$

Ejercicios

21. Calcula la suma y el producto de las soluciones de la ecuación $x^2 + 3x + c = 0$. Calcula el valor de c para que el producto de las soluciones de la ecuación anterior valga -18.

22. Compara las soluciones de la ecuación de segundo grado $3x^2 - 4x - 4 = 0$ con las de la ecuación $-4x^2 - 4x + 3 = 0$.

23. Demuestra que las soluciones de la ecuación $x^2 + bx + 2 = 0$ son inversas de las de la ecuación $2x^2 + bx + 1 = 0$.

24. Demuestra que las soluciones de la ecuación $ax^2 + bx + c = 0$ son inversas de las de la ecuación $cx^2 + bx + a = 0$.

25. Determina el valor de m para que la ecuación $mx^2 - 3x + 1 = 0$:

    (a) Tenga dos soluciones.

    (b) Tenga una solución.

    (c) No tenga solución.

Ejercicios

26. En un triángulo rectángulo, un cateto mide 24 cm y la hipotenusa supera en 18 cm al otro cateto. Busca el perímetro y el área del triángulo.

27. Halla dos números consecutivos cuyo producto sea 182.

28. Halla tres números impares consecutivos tales que sus cuadrados sumen 5051.

29. Dentro de 11 años, la edad de Pedro será la mitad del cuadrado de la edad que tenía hace 13 años. Calcula la edad de Pedro.

30. En un triángulo rectángulo, la hipotenusa mide 13 cm. Averigua las longitudes de los catetos, sabiendo que su diferencia es de 7cm.

31. El perímetro de un triángulo rectángulo es 90 m y el cateto mayor tiene 3 m menos que la hipotenusa. Halla los tres lados del triángulo.

Ejercicios

32. Halla el valor de k para que las dos raíces de la ecuación $3x^2 - 8x - 3k = 0$ sean iguales.

33. Determina b en la ecuación $x^2 + bx + 21 = 0$, teniendo en cuenta que la diferencia de sus raíces es 4.

34. Un rectángulo tiene un área de 143 cm^2 y un perímetro de 48 cm. Escribe una ecuación de segundo grado cuyas soluciones sean los lados del rectángulo. ¿Puede existir un rectángulo de 13 cm^2 de área y 14 cm de perímetro? Razona la respuesta.

35. En un triángulo isósceles de 30 m de altura, cada uno de los lados iguales mide 3 m más que el lado desigual. Halla la longitud del lado desigual, redondeando el resultado a los centímetros.

36. Dos números naturales se diferencian en dos unidades y la suma de sus cuadrados es 580. ¿Cuáles son esos números?

37. Los lados de un triángulo rectángulo tienen por medidas en centímetros tres números pares consecutivos. Halla los valores de dichos lados.

Ejercicios

38. Una pieza rectangular es 4 cm más larga que ancha. Con ella se construye una caja de 840 cm³ cortando un cuadrado de 6 cm de lado en cada esquina y doblando los bordes. Halla las dimensiones de la caja.

2 Ecuaciones polinómicas de grado superior a 2.

Como las soluciones de una ecuación polinómica de la forma $P(x) = 0$ coinciden con las raíces del polinomio, para resolver la ecuación se factoriza el polinomio y se determinan sus raíces.

En el caso de que $P(x)$ no tenga término independiente, la ecuación se llama **homogénea** y siempre tiene el valor 0 como solución.

Sea $P(x)$ un polinomio cualquiera, decimos que $x = r$ es una raíz de $P(x)$ cuando $x = r$ es solución de $P(x) = 0$ lo que es equivalente a decir que $(x - r)$ es un factor de $P(x)$. Por este motivo, a las soluciones de una ecuación también se las llama raíces de la ecuación.

Observa, entonces, que descomponer en factores, hallar raíces y resolver una ecuación son problemas equivalentes. Así, para resolver una ecuación de segundo grado, se podría descomponer en factores el polinomio de segundo grado utilizando la regla de Ruffini, pero es mejor emplear el método específico de resolución de este tipo de ecuaciones; de esta manera, se obtendrán todas las soluciones sea cual sea el conjunto numérico al que pertenezcan, mientras que con la regla de Ruffini solo se podrían obtener las soluciones enteras.

En general, para resolver una ecuación de grado mayor que 2, es conveniente seguir este procedimiento:

1. Se utiliza la regla de Ruffini. Es decir, se calculan raíces del polinomio correspondiente hasta obtener como cociente un polinomio de grado dos.

2. Se resuelve la ecuación de segundo grado que resulta al igualar a cero el cociente mencionado en el punto anterior.

Ejercicio resuelto 2.1

Resuelve la ecuación $4x^4 + 4x^3 - 13x^2 - 7x + 6 = 0$.

Para conseguirlo, vamos a obtener las raíces del polinomio $P(x) = 4x^4 + 4x^3 - 13x^2 - 7x + 6$.

	4	4	−13	−7	6
−1		−4	0	13	−6
	4	0	−13	6	0
−2		−8	16	−6	
	4	−8	3	0	

es decir, $P(x) = (x+1)(x+2)(4x^2 - 8x + 3)$. Resolvamos ahora la ecuación de seegundo grado

$4x^2 - 8x + 3 = 0$

$$x = \frac{8 \pm \sqrt{8^2 - 4 \cdot 4 \cdot 3}}{2 \cdot 4} = \frac{8 \pm \sqrt{64 - 48}}{8} = \frac{8 \pm 4}{8} = 1 \pm \frac{1}{2}$$

Las soluciones de la ecuación son $x = -1$, $x = -2$, $x = \frac{3}{2}$ y $x = \frac{1}{2}$; por tanto, la descomposición en factores del polinomio $P(x)$ es:

$$P(x) = 4x^4 + 4x^3 - 13x^2 - 7x + 6 = 4(x+1)(x+2)\left(x - \frac{3}{2}\right)\left(x - \frac{1}{2}\right)$$

Observa que el coeficiente del término de mayor grado debe multiplicar a los factores en la descomposición.

Si un polinomio de grado mayor que 2 tiene todas sus raíces no enteras, es muy difícil encontrar la fracción que se debe colocar en el divisor de la regla de Ruffini para obtener de resto cero.

En este curso limitaremos la resolución de ecuaciones a los casos en que el polinomio tenga tantas raíces enteras como su grado menos dos. Por ejemplo, los polinomios de grado 5 tendrán, al menos, tres raíces enteras; los de grado 4, al menos dos raíces enteras, etcétera.

2.1. Ecuaciones bicuadradas.

Una ecuación **bicuadrada** es aquella que se puede expresar de la forma:

$$ax^4 + bx^2 + c = 0$$

Hay un procedimiento especial para resolver este tipo de ecuaciones. Primero se transforma en una ecuación de segundo grado haciendo $x^2 = y$:

$$ax^4 + bx^2 + c = 0 \equiv a(x^2)^2 + bx^2 + c = 0 \equiv ay^2 + by + c = 0$$

A continuación, se calculan los valores de y resolviendo la ecuación de segundo grado que resulta. Después, con la igualdad $x^2 = y$ se calculan los valores de x. En los siguientes ejemplos se puede comprobar que una ecuación bicuadrada puede tener cuatro, dos o ninguna solución.

Ejercicio resuelto 2.2

Resuelve la ecuación $x^4 - 5x^2 + 4 = 0$.

En primer lugar, realizamos el cambio $y = x^2$, obteniendo $y^2 - 5y + 4 = 0$. Resolvemos ahora con la fórmula de resolución de ecuaciones de segundo grado:

$$y = \frac{5 \pm \sqrt{(-5)^2 - 4 \cdot 1 \cdot 4}}{2} = \frac{5 \pm 3}{2}$$

de donde obtenemos las soluciones $y = 4$ e $y = 1$. Ahora deshacemos el cambio para obtener, por una parte, que $x^2 = y = 4$, luego $x = \pm\sqrt{4} = \pm 2$ y, por otra, que $x^2 = y = 1$, luego $x = \pm\sqrt{1} = \pm 1$. Así, las soluciones de la ecuación son $x = 1$, $x = -1$, $x = 2$ y $x = -2$. En este caso, la descomposición del polinomio $P(x) = x^4 - 5x^2 + 4$ como producto de factores simples sería

$$P(x) = (x-1)(x+1)(x-2)(x+2)$$

Ejercicio resuelto 2.3

Resuelve la ecuación $x^4 - 8x^2 - 9 = 0$.

En primer lugar, realizamos el cambio $y = x^2$, obteniendo $y^2 - 8y - 9 = 0$. Resolvemos ahora con la fórmula de resolución de ecuaciones de segundo grado:

$$y = \frac{8 \pm \sqrt{(-8)^2 - 4 \cdot 1 \cdot (-9)}}{2} = \frac{8 \pm 10}{2}$$

de donde obtenemos las soluciones $y = 9$ e $y = -1$. Ahora deshacemos el cambio para obtener que $x^2 = y = 9$, luego $x = \pm\sqrt{9} = \pm 3$ ya que, de la otra solución, se deduce que $x^2 = y = -1$, luego $x = \sqrt{-1}$, que no existe. Así, las soluciones de la ecuación son $x = 3$ y $x = -3$. En este caso, la descomposición del polinomio $P(x) = x^4 - 8x^2 - 9$ como producto de factores simples sería

$$P(x) = (x-3)(x+3)(x^2+1)$$

donde el factor $x^2 + 1$ es el asociado a la ecuación $x^2 = -1$.

Ejercicio resuelto 2.4

Halla las soluciones de las siguientes ecuaciones:

(a) $x^3 - 3x^2 - 9x + 27 = 0$

(b) $x^4 - 10x^2 + 9 = 0$

(a) Factorizando el polinomio mediante la regla de Ruffini, se obtiene que $x^3 - 3x^2 - 9x + 27 = (x-3)^2(x+3) = 0$, de donde obtenemos que las raíces son $x = 3$ (raíz doble) y $x = -3$, raíz simple.

(b) Se trata de una ecuación bicuadrada. Para resolverla se realiza el cambio $z = x^2$, quedando $z^2 - 10z + 9 = 0$, cuyas soluciones son

$$z = \frac{10 \pm \sqrt{100 - 36}}{2} = \frac{10 \pm 8}{2} = 5 \pm 4 = \begin{cases} z_1 = 9 \\ z_2 = 1 \end{cases}$$

de donde se obtienen las soluciones $x_1 = 3$ y $x_2 = -3$, asociadas a $z_1 = 9$ y $x_3 = 1$ y $x_4 = -1$, asociadas a $z_2 = 1$.

Ejercicio resuelto 2.5

Resuelve la ecuación $x^4 + 5x^2 + 6 = 0$.

En primer lugar, realizamos el cambio $y = x^2$, obteniendo $y^2 + 5y + 6 = 0$. Resolvemos ahora con la fórmula de resolución de ecuaciones de segundo grado:

$$y = \frac{-5 \pm \sqrt{5^2 - 4 \cdot 1 \cdot 6}}{2} = \frac{-5 \pm 1}{2}$$

de donde obtenemos que $y = -3$ e $y = -2$. Como al deshacer el cambio obtenemos soluciones imposibles, deducimos que esta ecuación no tiene soluciones reales. En este caso, la descomposición del polinomio $P(x) = x^4 + 5x^2 + 6$ como producto de factores simples sería

$$P(x) = (x^2+3)(x^2+2)$$

donde x^2+3 es el factor asociado a la solución $x^2 = -3$ y x^2+2 está vinculado a $x^2 = -2$.

Ejercicios

39. Halla las soluciones de las siguientes ecuaciones:

    (a) $2(1-x)(x+2)(x-3) = 0$

    (b) $5(2x+1)(x-3)(2-5x) = 0$

    (c) $(x+5)(x^2-3) = 0$

    (d) $(x-2)(x^3+3x^2-13x-15) = 0$

40. Resuelve las siguientes ecuaciones polinómicas.

    (a) $(x+1)^3 - (x-1)^3 = 7$

    (b) $6x^4 + 13x^3 - 8x^2 - 17x + 6 = 0$

    (c) $2x^4 - x^3 - 3x - 18 = 0$

    (d) $x^3 + 2x^2 - 5x - 6 = 0$

    (e) $3x^3 + 2x^2 - 19x + 6 = 0$

    (f) $6x^4 + 7x^3 - 12x^2 - 3x + 2 = 0$

Ejercicios

41. Resuelve las siguientes ecuaciones polinómicas.

(a) $2(x+1)^4 - 8x^3 - 8(x+3) + 8 = 0$

(b) $x^3 - 2x^2 - 15x = 0$

(c) $\frac{24}{x^2} = 3x^2 - 6$

(d) $x^3 - x^2 - 3x = -3$

(e) $9x^4 + 45x^3 + 32x^2 - 20x - 16 = 0$

(f) $9x^4 - 3x^3 - 32x^2 - 4x + 16 = 0$

(g) $2x^3 - 2x^2 - \frac{5}{2}x + \frac{3}{2} = 0$

(h) $3x^5 + 2x^4 - 12x^3 - 8x^2 = 0$

(i) $x^4 - 3x^3 - 12x^2 + 26x + 24 = 0$

(j) $x^5 - 5x^4 + x^3 + 9x^2 + 2x = 0$

(k) $2x^3 - 4x^2 - 40x - 48 = 0$

(l) $5x^3 - 2x^2 - 80x + 32 = 0$

Ejercicios

42. Resuelve las siguientes ecuaciones polinómicas.

   (a) $9x^3 + 9x^2 - x - 1 = 0$

   (b) $12x^4 - 59x^3 + 46x^2 - 8x = 0$

   (c) $x^4 - x^3 - 5x^2 - x - 6 = 0$

   (d) $6x^3 - 7x^2 - 14x + 15 = 0$

   (e) $x^4 + 9x = x^3 + 9x^2$

   (f) $x^2(x^2 - 65) - 15(x - 80) = 5x(4x - 3) - 564$

43. Resuelve las siguientes ecuaciones bicuadradas. Indica el número de soluciones reales que tiene cada una y descompón en factores el polinomio que aparece en el primer miembro:

   (a) $x^4 + 10x^2 + 9 = 0$

   (b) $9x^4 - 36x^2 + 36 = 0$

   (c) $x^4 - 8x^2 - 9 = 0$

   (d) $9x^4 + 5x^2 - 4 = 0$

   (e) $x^4 - 5x^2 + 4 = 0$

   (f) $x^4 + 7x^2 + 10 = 0$

Ejercicios

44. Resuelve las siguientes ecuaciones bicuadradas. Indica el número de soluciones reales que tiene cada una y descompón en factores el polinomio que aparece en el primer miembro:

(a) $x^4 + 4x^2 + 3 = 0$

(b) $4x^4 + 11x^2 - 3 = 0$

(c) $x^4 - 22x^2 - 75 = 0$

(d) $6x^4 + 5x^2 + 1 = 0$

(e) $4x^4 - 37x^2 + 9 = 0$

(f) $15x^4 + 31x^2 + 10 = 0$

(g) $x^4 - 17x^2 + 16 = 0$

(h) $x^4 - x^2 - 2 = 0$

(i) $x^4 + 3x^2 + 2 = 0$

(j) $2x^4 + 7x^2 + 6 = 0$

(k) $25x^4 + 121x^2 - 20 = 0$

(l) $34 - x^2 = \frac{225}{x^2}$

Ejercicios

45. Resuelve las siguientes ecuaciones bicuadradas. Indica el número de soluciones reales que tiene cada una y descompón en factores el polinomio que aparece en el primer miembro:

(a) $x^4 - 29x^2 + 100 = 0$

(b) $4x^4 + 101x^2 + 25 = 0$

(c) $x^4 - 10x^2 + 9 = 0$

(d) $x^4 - 13x^2 + 36 = 0$

(e) $x^4 - 61x^2 + 900 = 0$

(f) $x^4 - 25x^2 + 144 = 0$

(g) $x^4 - 16x^2 - 225 = 0$

(h) $x^4 - 52x^2 + 576 = 0$

(i) $9x^4 - 13x^2 + 4 = 0$

Ejercicios

46. Resuelve las siguientes ecuaciones y descompón en factores el polinomio que aparece en el primer miembro:

    (a) $x^4 + x^2 - 20 = 0$

    (b) $x^4 + 18x^2 + 80 = 0$

    (c) $x^4 - 3x^2 + 5 = 0$

    (d) $x^4 + 5x^2 - 3 = 0$

    (e) $3x^4 - 4x^2 + 2 = 0$

    (f) $x^4 - 125x^2 + 484 = 0$

47. Explica por qué $4x^4 + 13x^2 + 9$ no puede descomponerse como producto de cuatro factores.

48. Resuelve las siguientes ecuaciones bicuadradas incompletas sin utilizar la fórmula de resolución de la ecuación de segundo grado:

    (a) $x^4 - 16 = 0$

    (b) $-625 + x^4 = 0$

Ejercicios

49. Resuelve las siguientes ecuaciones bicuadradas incompletas sin utilizar la fórmula de resolución de la ecuación de segundo grado:

(a) $16x^4 - 81 = 0$

(b) $2x^4 = 50x^2$

(c) $x^4 + x^2 = 0$

(d) $-27x^2 = 12x^4$

(e) $x^4 - 9x^2 = 0$

(f) $5x^4 + 20x^2 = 0$

(g) $4x^4 - 64 = 0$

(h) $9x^4 + x^2 = 0$

(i) $x^4 - 4x^2 = 0$

(j) $x^4 + 4x^2 = 0$

(k) $x^4 + 16 = 0$

(l) $3x^4 - 12 = 0$

Ejercicios

50. Determina razonadamente cuáles de estas ecuaciones no son bicuadradas:

    (a) $2x^4 + 5x^2 - 8 = 0$

    (b) $5x^4 - 2x + 1 = 0$

    (c) $5x^4 + 8x^2 - 3x = 0$

    (d) $x^4 + x^2 + 1 = 0$

51. Si una ecuación bicuadrada tiene cuatro soluciones reales y dos de ellas son $x = 2$ y $x = -3$, ¿cuáles son las otras dos soluciones?

52. Escribe una ecuación de grado 3 que tenga como raíces las siguientes:

    (a) $x = 2, x = -1, x = 4$

    (b) $x = 3, x = -3, x = 1$

53. Escribe una ecuación de cuarto grado que tenga como raíces $x = 0$ doble, $x = 1$, $x = -1$, y como coeficiente del término de mayor grado, 5.

Ejercicios

54. Resuelve las siguientes ecuaciones, transformándolas previamente en una ecuación de segundo grado con un cambio de variable apropiado:

(a) $x^8 - 17x^4 + 16 = 0$

(b) $x^{10} + 31x^5 - 32 = 0$

(c) $6x^{10} - 12x^5 = 0$

(d) $x^{10} - 33x^5 + 32 = 0$

(e) $x^8 - 13x^4 + 36 = 0$

(f) $x^6 - 7x^3 - 8 = 0$

(g) $x^6 - 10x^3 + 16 = 0$

(h) $x^6 + 65x^3 + 64 = 0$

(i) $x^6 + 24x^3 - 81 = 0$

(j) $3x^6 + 27x^3 = 0$

(k) $x^6 - 9x^3 + 8 = 0$

(l) $x^6 - 7x^3 + 6 = 0$

3 Ecuaciones racionales

Las ecuaciones en las que aparecen fracciones algebraicas se llaman **ecuaciones racionales**. Para resolver una ecuación racional se siguen estos pasos:

1. Se descartan los valores de x que anulan los denominadores, ya que no pueden ser solución de la ecuación.

2. Se multiplican los dos miembros por el mínimo común múltiplo de los denominadores, que será distinto de cero.

3. Se resuelve la ecuación resultante.

Sin embargo, se ha de tener cuidado en comprobar que las soluciones obtenidas son verdaderas, ya que en el proceso se ha podido introducir alguna solución falsa.

Ejercicio resuelto 3.1

Resuelve la siguiente ecuación racional:

$$\frac{x-1}{x-2} - \frac{2x-2}{x^2+3x} = \frac{5x-5}{x^2+x-6}$$

En primer lugar factorizaremos los denominadores:

1. $x-2$

2. $x^2 + 3x = x(x+3)$

3. $x^2 + x - 6 = (x-2)(x+3)$

a partir de lo que deducimos que hay que eliminar los valores $x = 0$, $x = 2$ y $x = -3$ ya que son los valores que anulan a los denominadores. Además,

$$\text{m.c.m.}((x-2),(x^2+3x),(x^2+x-6)) = x(x-2)(x+3)$$

Así, multiplicando toda la ecuación por ese m.c.m. queda:

$$x(x-2)(x+3)\left[\frac{x-1}{x-2} - \frac{2x-2}{x^2+3x}\right] = x(x-2)(x+3)\frac{5x-5}{x^2+x-6}$$

que resulta $x(x-1)(x+3) - (x-2)(2x-2) = x(5x-5)$. Desarrollando los paréntesis, $x^3 + 2x^2 - 3x - (2x^2 - 6x + 4) = 5x^2 - 5x$, es decir, $x^3 - 5x^2 + 8x - 4 = 0$ que es una ecuación de grado 3, por lo que debemos usar la regla de Ruffini para resolverla:

$$\begin{array}{c|cccc}
 & 1 & -5 & 8 & -4 \\
1 & & 1 & -4 & 4 \\
\hline
 & 1 & -4 & 4 & 0
\end{array}$$

por lo que $x^3 - 5x^2 + 8x - 4 = (x-1)(x^2 - 4x + 4) = (x-1)(x-2)^2$. La solución de la ecuación es $x = 1$, ya que $x = 2$ está descartado.

Ejercicios

55. Resuelve las siguientes ecuaciones racionales:

(a) $\frac{x^2+3x-5}{x^2-5x+6} = \frac{-5}{x-2} + \frac{7}{x-3}$

(b) $\frac{x+5}{x^2+x-2} = \frac{x^2+2x-1}{x-1} + \frac{-1}{x+2}$

(c) $\frac{2x-1}{x^2-x} - \frac{1}{(x-1)^2} = \frac{-3x+2}{x^3-2x^2+x}$

(d) $\frac{x^2-6}{x^2+4} + \frac{1}{x^2} = 0$

(e) $\frac{x+1}{x^2-2} + \frac{x^2}{x^2+2} = \frac{2x+x^3}{x^4-4}$

(f) $\frac{x+1}{2x-1} + \frac{x}{2x+1} = \frac{7}{4x^2-1}$

(g) $\frac{3}{x} - \frac{x}{x+2} = \frac{5x-1}{x^2+x-2}$

(h) $\frac{2}{x^2-1} + \frac{3x}{x-1} = \frac{x}{x+1}$

(i) $x+2+\frac{2}{x} = -1$

(j) $2x - \frac{12}{2-x} = 7 + \frac{11x+11}{9}$

Ejercicios

56. Resuelve las siguientes ecuaciones racionales:

    (a) $\frac{4}{x} + \frac{4}{x+2} = 3$

    (b) $\frac{1}{x} + \frac{1}{x^2} + \frac{1}{x^3} = \frac{7}{8}$

    (c) $\frac{x+9}{x} - \frac{5+x}{x+2} = \frac{12x+12}{x^2+2x}$

    (d) $\frac{1}{x-a} + \frac{1}{x+a} = \frac{1}{x^2-a^2}$

    (e) $\frac{4}{x} + \frac{4}{x+2} = 3$

    (f) $\frac{x+1}{x-1} = \frac{4x+12}{3x+3}$

    (g) $\frac{2x}{x-2} - \frac{x-2}{x-1} = \frac{6-x}{x^2-3x+2}$

    (h) $\frac{3x}{3x+1} + \frac{2x-1}{2x+2} = 2$

57. Indica, sin resolverlas, qué valores no pueden ser solución de las siguientes ecuaciones:

    (a) $\frac{2x+1}{(x-5)(x+1)} = \frac{1}{x-1}$

    (b) $\frac{3x+5}{x^2+x-6} = \frac{5}{x-4}$

Ejercicios

58. Resuelve las siguientes ecuaciones:

(a) $\frac{x-1}{2(x^2-1)} + \frac{4}{(x-1)^2} - \frac{x^2-x-8}{x^3-x^2-x+1} = \frac{1}{2x-2}$

(b) $\frac{x+3}{x+1} + \frac{3x-7}{x^2-1} - \frac{1}{x-4} = \frac{21-9x}{x^3-4x^2-x+4}$

(c) $\frac{x+2}{x+1} - \frac{x+1}{x+2} = \frac{9}{20}$

(d) $\frac{x^2+1}{x} + \frac{x}{x^2-1} = x + \frac{7}{6}$

(e) $\frac{(x-1)^2-(x-2)^2}{x^2-1} + \frac{x+1}{x-1} = \frac{x-1}{x+1}$

(f) $\frac{(x-1)^2-(x+2)^2}{\left(x-\frac{1}{2}\right)^2-(x+1)^2} = 4$

(g) $\frac{3}{x+4} - \frac{1}{1-x} + \frac{7+5x}{(x+4)(1-x)} = 0$

(h) $\frac{\left(\frac{4}{3}+\frac{x}{2}\right)-\left(1-\frac{1}{6}x\right)}{\frac{3}{4}-\frac{x}{3}} + 1 + \frac{x}{x-\frac{2}{3}} = 0$

(i) $\frac{x^2-32}{4} + \frac{28}{x^2-9} = 0$

(j) $\frac{3}{x} - \frac{x^2+3}{x} = x^3$

Ejercicios

59. Resuelve las siguientes ecuaciones racionales:

(a) $\dfrac{6-x}{3} - \dfrac{3(x-4)}{6+x} = \dfrac{x-2}{2}$

(d) $\dfrac{x-\sqrt{6}}{\sqrt{3}+x} = \dfrac{\sqrt{3}-x}{2x^2(x+\sqrt{6})}$

(b) $\dfrac{x^2}{x+2} - \dfrac{15x}{x^2-1} = \dfrac{-30x}{x^3+2x^2-x-2}$

(e) $\dfrac{2x-3}{x^2-3x+2} = \dfrac{3}{x^2-x} + \dfrac{1}{x-2}$

(c) $\dfrac{x^2(2x-5)}{x+1} = \dfrac{9(1-x)}{2x+5}$

60. Se ha comprado un determinado número de discos DVD vírgenes por una cantidad total de 17,25 euros. Si se compraran discos de una calidad superior, cuyo precio es 0,40 euros más caro por unidad, se deberían adquirir 8 menos para que el precio total no variase. ¿Cuántos discos se han comprado?

4 Ecuaciones irracionales

Las ecuaciones con radicales son aquellas en las que la incógnita aparece en alguno de los términos bajo el signo radical. En este curso, por simplificación sólo veremos ecuaciones con raíces cuadradas. Para resolver una ecuación irracional en la que aparecen radicales cuadráticos, se sigue este procedimiento:

1. Aislamos uno de los radicales de la ecuación, transformándola en otra equivalente en la que la expresión radical esté sola en un miembro.

2. Se elevan al cuadrado los dos miembros.

3. Si la ecuación resultante no tiene radicales, se resuelve. Si siguen apareciendo radicales, se repite el proceso desde el primer paso.

4. Una vez resuelta la ecuación resultante, se comprueban las soluciones en la ecuación inicial, ya que pueda ocurrir que alguna no fuera válida.

Ejercicio resuelto 4.1

Resuelve la ecuación radical $\sqrt{3x+7}+x=2x+1$.

En primer lugar, aislamos la raíz para que quede sola en uno de los miembros $\sqrt{3x+7}=2x+1-x=x+1$. Ahora, elevamos ambos miembros al cuadrado $(\sqrt{3x+7})^2=3x+7=(x+1)^2=x^2+2x+1$ y ahora resolvemos la ecuación de segundo grado resultante, $x^2-x-6=0$, con la fórmula de resolución de ecuaciones de segundo grado:

$$x = \frac{1 \pm \sqrt{(-1)^2 - 4 \cdot 1 \cdot (-6)}}{2} = \frac{1 \pm 5}{2}$$

obteniendo las soluciones $x=3$ y $x=-2$, que ahora procederemos a comprobar:

- Para $x=3$,

$$\sqrt{3 \cdot 3 + 7} + 3 = 2 \cdot 7 + 1$$
$$4 + 3 = 6 + 1$$

por lo que $x=3$ es solución. En cambio,

- para $x=-2$

$$\sqrt{3 \cdot (-2) + 7} - 2 \neq 2 \cdot (-2) + 1$$
$$1 - 2 \neq -4 + 1$$

por lo que $x=-2$ no es solución.

Ejercicio resuelto 4.2

Resuelve la ecuación $x + \sqrt{2x^2 + 2x - 3} = -1$.

En primer lugar, se aísla el radical en un miembro: $\sqrt{2x^2 + 2x - 3} = -1 - x$. Se elevan los dos miembros al cuadrado y se resuelve la ecuación:

$$\left(\sqrt{2x^2 + 2x - 3}\right)^2 = (-1-x)^2$$
$$2x^2 + 2x - 3 = 1 + x^2 + 2x$$
$$x^2 - 4 = 0$$
$$x^2 = 4$$

de donde se obtienen las soluciones $x = 2$ y $x = -2$.

Se comprueban las soluciones sustituyendo sus valores en los dos miembros de la ecuación inicial.

- $x = 2$, $2 + \sqrt{8 + 4 - 3} = 2 + \sqrt{9} = 2 + 3 = 5 \neq -1$ (Solución falsa).

- $x = -2$, $-2 + \sqrt{8 - 4 - 3} = -2 + \sqrt{1} = -2 + 1 = -1$ (Solución verdadera).

Por tanto, la única solución es: $x = -2$.

Ejercicio resuelto 4.3

Resuelve la ecuación $\sqrt{3 \cdot \sqrt{16 - x}} = \sqrt{2x - 5}$.

Se elevan al cuadrado los dos miembros:

$$\left(\sqrt{3 \cdot \sqrt{16-x}}\right)^2 = \left(\sqrt{2x-5}\right)^2$$
$$3 \cdot \sqrt{16-x} = 2x - 5$$

Como aún queda un radical, se vuelven a elevar al cuadrado los dos miembros:

$$\left(3 \cdot \sqrt{16-x}\right)^2 = (2x-5)^2$$
$$9 \cdot (16 - x) = 4x^2 + 25 - 20x$$

Se resuelve la ecuación:

$$144 - 9x = 4x^2 + 25 - 20x$$
$$4x^2 - 11x - 119 = 0$$

cuya solución es

$$x = \frac{11 \pm \sqrt{121 + 1904}}{8} = \frac{11 \pm 45}{8} \Rightarrow \begin{cases} x = 7 \\ x = -\dfrac{17}{4} \end{cases}$$

Se comprueban las soluciones:

- $x = 7$, $\sqrt{3 \cdot \sqrt{16 - 7}} = \sqrt{3 \cdot 3} = 3$, es decir, $\sqrt{14 - 5} = \sqrt{9} = 3$, que es una solución válida.

- $x = -\frac{17}{4}$, $\sqrt{3 \cdot \sqrt{16 + \frac{17}{4}}} = \sqrt{3 \cdot \sqrt{\frac{81}{4}}} = \sqrt{3 \frac{9}{2}} = \sqrt{\frac{27}{2}}$. Por otro lado, como $\sqrt{-\frac{17}{2} - 5}$ no es real, la solución no es válida, y la única correcta es: $x = 7$.

Ejercicio resuelto 4.4

Resuelve la ecuación $\sqrt{2x-1}+\sqrt{x+4}=6$.

Se elevan al cuadrado los dos miembros:

$$\left(\sqrt{2x-1}+\sqrt{x+4}\right)^2 = 36$$
$$(2x-1)+(x+4)+2\sqrt{(2x+1)(x+4)} = 36$$

Como aún queda un radical, lo aislamos a la izquierda y se vuelven a elevar al cuadrado los dos miembros:

$$2\sqrt{(2x-1)(x+4)} = 36-(2x-1)-(x+4) = 33-3x$$
$$\left(2\sqrt{(2x-1)(x+4)}\right)^2 = (33-3x)^2$$
$$4\cdot(2x-1)(x+4) = 1089-198x+9x^2$$

Se resuelve la ecuación:

$$4\cdot(2x-1)(x+4) = 8x^2+28x-16 = 1089-198x+9x^2$$
$$-x^2+226x-1105 = 0$$

cuyas soluciones son $x=5$ y $x=221$. Se comprueban las soluciones:

- $x=5$, $\sqrt{2\cdot 5-1}+\sqrt{5+4}=6$, es decir, $\sqrt{10-1}+\sqrt{9}=6$, por lo que es una solución válida.
- $x=221$, $\sqrt{2\cdot 221-1}+\sqrt{221+4}=6$, es decir, $\sqrt{442-1}+\sqrt{225}=21+15\neq 6$, por lo que la solución no es válida, y la única correcta es: $x=5$.

Ejercicios

61. Resuelve las siguientes ecuaciones irracionales:

    (a) $7-\sqrt{x+2}=5$

    (b) $\sqrt{x+3}=2x-9$

    (c) $-x+6=\sqrt{2x+3}$

    (d) $2\sqrt{x^2+3}=x^2$

Ejercicios

62. Resuelve las siguientes ecuaciones irracionales:

(a) $\sqrt{4x+2}+1=6x$

(b) $2-\sqrt{2x+6}=x+7$

(c) $\sqrt{x-8}=2$

(d) $5=\sqrt{3x+1}$

(e) $\sqrt{4x+5}=5$

(f) $3+\sqrt{2x}=8$

(g) $2\sqrt{x-3}=-2$

(h) $11=7+\sqrt{10-4x}$

(i) $8\sqrt{x}-1=3$

(j) $\sqrt{7x}=14$

Ejercicios

63. Resuelve las siguientes ecuaciones irracionales:

   (a) $\sqrt{2x-7}+9=10$

   (b) $2\sqrt{5x-3}=7$

   (c) $\sqrt{5x+1}=6$

   (d) $3\sqrt{x}+1=10$

   (e) $\sqrt{9+x}-5=\frac{2x+1}{3}$

   (f) $\sqrt{x^2-13}+x-13=0$

   (g) $\sqrt{x-3}+\sqrt{x+5}=4$

   (h) $2x-1=\sqrt{4x-4}+x$

   (i) $\sqrt{x+5}-2x+3=x-6$

   (j) $3x+\sqrt{4x-4}=2(x+1)$

Ejercicios

64. Resuelve las siguientes ecuaciones irracionales:

    (a) $2x+1+\sqrt{x^2-x+3}=0$

    (b) $\sqrt{2x-3}-x=-1$

    (c) $\sqrt{5x+4}-1=2x$

65. Resuelve las siguientes ecuaciones con radicales.

    (a) $\sqrt{x+4}+\sqrt{x-1}=5$

    (b) $\sqrt{x-7}+\sqrt{2x}=\sqrt{x+1}$

    (c) $\sqrt{3-x}+3=\sqrt{x+2}+4$

    (d) $\sqrt{10+9x}-\sqrt{2x-4}=6$

    (e) $\sqrt{2x-5}+4=\sqrt{3x+4}+2$

    (f) $\sqrt{3x+1}-\sqrt{2x-1}=1$

Ejercicios

66. Resuelve las siguientes ecuaciones con radicales.

(a) $\sqrt{x+3}+\sqrt{x+6}=\dfrac{3}{\sqrt{x+3}}$

(b) $\sqrt{x+4}-\sqrt{x-4}=\dfrac{x+1}{\sqrt{x+4}}$

(c) $\dfrac{\sqrt{x+5}}{\sqrt{x-2}}-\dfrac{\sqrt{x-2}}{\sqrt{x+5}}=\dfrac{7}{12}$

(d) $\sqrt{x}+\sqrt{\tfrac{1}{2}+x}=\dfrac{1}{\sqrt{\tfrac{1}{2}+x}}$

(e) $\sqrt{x}+\sqrt{x-\tfrac{1}{4}}=1$

(f) $\sqrt{x}-\sqrt{x+2}=\dfrac{6}{\sqrt{x}}$

(g) $\sqrt{x+3}-\sqrt{5x-5}=-2$

(h) $\sqrt{5x+4}-\sqrt{3x+9}+1=0$

(i) $\sqrt{x}+\sqrt{x-4}=2$

(j) $\sqrt{2x-1}+\sqrt{x+4}=6$

Ejercicios

67. Resuelve las siguientes ecuaciones con radicales.

   (a) $\sqrt{x+5}+\sqrt{x}=\sqrt{7x-3}$

   (b) $\dfrac{2\sqrt{x}}{4+\sqrt{x-5}}=\dfrac{4-\sqrt{x-5}}{\sqrt{x-5}}$

   (c) $\dfrac{21}{\sqrt{6x+1}}-\sqrt{6x+1}=2\sqrt{3x}$

   (d) $\sqrt{x+1}+\sqrt{2x+3}=5$

   (e) $\sqrt{x+4}=3-\sqrt{x-1}$

68. Señala cuáles de las siguientes ecuaciones son irracionales y resuélvelas:

   (a) $\sqrt{x+5}=2x$

   (b) $\sqrt{x-5}=x+3$

   (c) $\sqrt{2}x+\sqrt{5}x^2=1$

   (d) $\sqrt{3}-\sqrt{9x^2}=x+5$

Ejercicios

69. Comprueba que las siguientes ecuaciones no tienen solución:

    (a) $\sqrt{4x-2}+x+2=0$

    (b) $\sqrt{x-3}=1+\sqrt{x}$

70. Resuelve estas ecuaciones con radicales.

    (a) $2-3\sqrt{x}=-x$

    (b) $3\sqrt{3x-1}=2\sqrt{3(2x-1)}$

    (c) $\sqrt{7-3x}-x=7$

    (d) $\sqrt{1+\sqrt{1+\sqrt{13+\sqrt{x}}}}=2$

    (e) $\sqrt{2x-1}+\sqrt{2x+1}=\dfrac{1}{\sqrt{2x-1}}$

    (f) $\sqrt{2x^2+7}+x-3=-3x-10$

    (g) $x-2-3(x-1)=\sqrt{2x^2+31}$

    (h) $\dfrac{x-1}{\sqrt{x}}=x-\dfrac{5}{2}$

Ejercicios

71. Resuelve las siguientes ecuaciones con radicales.

    (a) $3\sqrt{x-1}+11=2x$

    (b) $\sqrt{2x+10}+5x-6=8+\sqrt{7+6x}$

    (c) $3x+\sqrt{2x-2}=2\sqrt{2x-2}+23$

    (d) $2\sqrt{2x-1}=\sqrt{6x-5}+\sqrt{2x-9}$

72. El lado de un cuadrado mide una unidad más que el triple del lado de otro. La suma de las longitudes de las diagonales de los dos cuadrados vale $9\sqrt{2}$. Calcula la suma de las áreas de los dos cuadrados. R = 53

73. Calcula el valor de un número tal que si se le suma una unidad y después se extrae la raíz cuadrada, se obtiene el doble que al restarle 11 unidades y extraer la raíz cuadrada.

74. La suma de un número positivo más el valor de su raíz cuadrada coincide con el triple de dicho número. ¿De qué número se trata?

5 Ecuaciones logarítmicas

Las ecuaciones en las que la incógnita aparece en la base o en el argumento de un logaritmo se llaman **ecuaciones logarítmicas**.

Para resolver las ecuaciones logarítmicas se modifican sus miembros con la ayuda de las propiedades de los logaritmos y se tiene en cuenta que:

$$\log A = \log B \text{ es equivalente a que } A = B$$

Se trata pues de conseguir que, aplicando una combinación de propiedades logarítmicas, a cada lado del igual haya un logaritmo y así, aplicando esta última propiedad podamos hacerlas desaparecer. Es necesario comprobar que las soluciones obtenidas son válidas, ya que no están definidos los logaritmos de cero ni de los números negativos.

Ejercicio resuelto 5.1

Resuelve la ecuación logarítmica $5\log x = 3\log x + 2\log 6$.

Se aplican las propiedades de los logaritmos y se obtiene:

$$\log x^5 = \log x^3 + \log 6^2$$
$$\log x^5 = \log 36x^3$$
$$x^5 = 36x^3$$

Ahora se resuelve esta ecuación polinómica $x^5 - 36x^3 = 0$ que es equivalente a $x^3(x^2 - 36) = 0$, sacando factor común x^3. De aquí se obtienen que las soluciones son $x = 0$, a partir de $x^3 = 0$ y de $x^2 = 36$, se obtiene que $x = 6$ ó $x = -6$.

Se comprueban las soluciones: $x = 0$ y $x = -6$ son falsas, ya que no existen los logaritmos de los números menores o iguales a cero. Sin embargo, $x = 6$ es cierta, ya que $5\log 6 = 3\log 6 + 2\log 6$, por lo que es la única solución correcta.

Ejercicio resuelto 5.2

Resuelve la ecuación logarítmica $\log(3x^2 + 5x + 30) - \log(3x + 8) = 1$.

Se aplican las propiedades de los logaritmos:

$$\log\left(\frac{3x^2 + 5x + 30}{3x + 8}\right) = \log 10$$

Entonces:

$$\frac{3x^2 + 5x + 30}{3x + 8} = 10$$
$$3x^2 + 5x + 30 = 30x + 80$$
$$3x^2 - 25x - 50 = 0$$

Donde aplicamos la fórmula de resolución de ecuaciones de segundo grado y obtenemos

$$x = \frac{25 \pm \sqrt{625+600}}{6} = \frac{25 \pm 35}{6} = \begin{cases} x = 10 \\ x = -\dfrac{5}{3} \end{cases}$$

Al sustituir los valores obtenidos se comprueba que las dos soluciones son verdaderas:

- Si $x = 10$, $\log 380 - \log 38 = \log \dfrac{380}{38} = \log 10 = 1$, y

- Si $x = -\dfrac{5}{3}$, $\log 30 - \log 3 = \log \dfrac{30}{3} = \log 10 = 1$.

Ejercicio resuelto 5.3

Resuelve la ecuación logarítmica $\dfrac{\log x}{2} = \dfrac{1}{2} + \log \sqrt{2}$.

Se aplican las propiedades de los logaritmos y se obtiene:

$$\log \sqrt{x} = \log \sqrt{10} + \log \sqrt{2}$$
$$\log \sqrt{x} = \log \sqrt{10 \cdot 2}$$
$$\sqrt{x} = \sqrt{20}$$

Por lo que $x = 20$. La solución es verdadera, ya que al sustituir en la ecuación inicial se tiene que:

$$\frac{\log 20}{2} = \frac{1}{2} + \log \sqrt{2}$$
$$\log \sqrt{20} = \log \sqrt{10} + \log \sqrt{2} = \log \sqrt{10 \cdot 2} = \log \sqrt{20}$$

Ejercicios

75. Resuelve las siguientes ecuaciones logarítmicas:

    (a) $\log 3x = \log 6 + 2 \log x$

    (b) $\log(2x+3) - \log(x-2) = 2\log 2 + 2\log 3$

    (c) $\log \dfrac{2x-2}{2} = 2\log(x-1) - \log x$

    (d) $\log(4-5x) + \log(2x-2) = \log(2x-x^2) + 1$

Ejercicios

76. Resuelve las siguientes ecuaciones logarítmicas:

(a) $\log\sqrt{3x+4} + \frac{1}{2}\log(5x+1) = 1 + \log 3$

(b) $3\log x - \log 32 = \log\frac{x}{2}$

(c) $2\log x = \log\frac{x}{2} - 1$

(d) $2\log x = 3 + \log\frac{x}{10}$

(e) $2\log x - \log(x-16) = 2$

(f) $\log(5x-3)^2 + \log(2x+3)^2 = 2$

(g) $\log\sqrt{3x+1} - \log\sqrt{2x-3} = 1 - \log 5$

(h) $\dfrac{\log 3 + \log(11-x^3)}{\log(5-x)} = 2$

(i) $\log(28-x^3) - 3\log(4-x) = 0$

(j) $\log x + \log(x+3) = 2\log(x+1)$

Ejercicios

77. Resuelve las siguientes ecuaciones logarítmicas:

(a) $4\log\frac{x}{5} + \log\frac{625}{4} = 2\log x$

(b) $2\log x - 2\log(x+1) = 0$

(c) $\log x = \dfrac{2 - \log x}{\log x}$

(d) $\log(25 - x^3) - 3\log(4 - x) = 0$

(e) $\dfrac{\log(16 - x^2)}{\log(3x - 4)} = 2$

(f) $\dfrac{\log(35 - x^3)}{\log(5 - x)} = 3$

(g) $\log 2 + \log(11 - x^2) = 2\log(5 - x)$

(h) $\log_5 x + \dfrac{\log_5 125}{\log_5 x} = \dfrac{7}{2}$

78. Resuelve las siguientes ecuaciones logarítmicas

(a) $3\log x - \log 32 = \log\frac{x}{2}$

(b) $2\log(2x - 2) - \log(x - 1) = 1$

Ejercicios

79. Resuelve las siguientes ecuaciones logarítmicas:

   (a) $\log(65-x^3) = 3\log(5-x)$

   (b) $\log x = \log 6 + \log \frac{x}{3}$

   (c) $\log 10^{\sqrt{20x+320}} = 10\sqrt{x}$

   (d) $3\log_x 2 + \log_x 4 = -5$

   (e) $\log\sqrt{7x+51} - 1 = \log 9 - \log\sqrt{2x+67}$

   (f) $\log_x 2 + \log_{x^2} 4 = 2$.

80. Calcula el valor de un número sabiendo que si se añade a su logaritmo decimal el valor del logaritmo decimal de 2, el resultado es la unidad.

81. Calcula el valor de un número sabiendo que el doble de su logaritmo decimal es igual a la suma de los logaritmos decimales de 4 y de 9.

6 Ecuaciones exponenciales

Las **ecuaciones exponenciales** son aquellas en las que la incógnita se encuentra en el exponente. Para resolver estas ecuaciones se aplican las propiedades de las potencias. En principio, tenemos tres posibles formas en las que senos puede presentar la ecuación, y cada una se resuelve de una manera:

- Suponemos que en la ecuación hay, a lo más, dos elementos que se pueden escribir como potencias de la misma base. En este caso, aplicaremos las distintas propiedades de las potencias hasta llegar a una expresión del tipo $a^m = a^n$, que cumple que es equivalente a que $m = n$ con sólo aplicar logaritmos a cada lado y así eliminamos los exponenciales.

Ejercicio resuelto 6.1

Resuelve la ecuación exponencial $4 \cdot 2^x = 4^{2x^2+1}$.

Se aplican las propiedades de las potencias: $2^2 \cdot 2^x = \left(2^2\right)^{2x^2+1}$, es decir $2^{2+x} = 2^{4x^2+2}$. Así, igualando exponentes: $2 + x = 4x^2 + 2$, que es lo mismo que $4x^2 - x = 0$, sacando x factor común, $x(4x - 1) = 0$ cuyas soluciones son $x = 0$ y $x = \dfrac{1}{4}$.

- La segunda posibilidad es que existan dos elementos pero que **no** se puedan escribir como potencias de la misma base. En este caso se procede como en el caso anterior, pero al aplicar logaritmos a ambos miembros éstos no se cancelan al ser de distinta base. Para finalizar se despeja x en función de los distintos logaritmos e incluso se puede aplicar la fórmula del cambio de base.

Ejercicio resuelto 6.2

Resuelve la ecuación exponencial $3^{2x-3} = 2$.

Se toman logaritmos en los dos miembros: $\ln 3^{2x-3} = \ln 2$. Entonces,

$$(2x - 3)\ln 3 = \ln 2$$
$$2x - 3 = \frac{\ln 2}{\ln 3}$$
$$2x = 3 + \log_3 2$$
$$x = \frac{3 + \log_3 2}{2}$$

Este procedimiento es equivalente a aplicar la definición de logaritmo.

- En el tercer caso, aparecen tres o más elementos separados por sumas o restas. En este caso es conveniente realizar un cambio de incógnita del tipo $z = a^x$ que simplifique la expresión y la convierta en una ecuación polinómica.

Ejercicio resuelto 6.3

Vamos a resuelver la ecuación exponencial $3^x + 2 \cdot 3^{x-2} = 11$.

En primer lugar, se aplica un cambio de incógnita de la forma: $z = 3^x$

$$3^x + 2 \cdot 3^x \cdot 3^{-2} = 11$$
$$z + 2z \cdot \frac{1}{9} = 11$$
$$9z + 2z = 99$$
$$11z = 99$$

de donde se obtiene que $z = 9$. Por último, se deshace el cambio: $3^x = 9$, luego $x = 2$.

Ejercicio resuelto 6.4

Resuelve $2^{2x+4} - 5 \cdot 2^{x+3} = -9$.

Se aplica el cambio: $z = 2^x$

$$(2^x)^2 \cdot 2^4 - 5 \cdot 2^x \cdot 2^3 = -9$$
$$z^2 \cdot 16 - 5 \cdot z \cdot 8 = -9$$
$$16z^2 - 40z + 9 = 0$$

y ahora aplicamos la fórmula de resolución de ecuaciones de segundo grado:

$$z = \frac{40 \pm \sqrt{1024}}{3} = \frac{40 \pm 32}{32} \Rightarrow \begin{cases} z = \frac{9}{4} \\ z = \frac{1}{4} \end{cases}$$

Ahora, lo único que queda es deshacer el cambio:

- Si, $2^x = \frac{9}{4}$, tenemos que $\log 2^x = \log \frac{9}{4}$, luego $x \log 2 = \log \frac{9}{4}$ y $x = \frac{\log \frac{9}{4}}{\log 2} = \log_2 \frac{9}{4}$.

- Si $2^x = \frac{1}{4}$, entonces $2^x = 2^{-2}$ e igualando exponentes, $x = -2$.

Ejercicios

82. Resuelve las siguientes ecuaciones exponenciales:

    (a) $\dfrac{1}{2^x} = 16^{\frac{x(x-1)}{2}}$

    (c) $2^{2x^2 - 3x - 5} = 16$

    (b) $13^{x^2 + 2x} - \dfrac{1}{13} = 0$

    (d) $2^{x+4} - 8^x = 0$

Ejercicios

83. Resuelve las siguientes ecuaciones exponenciales:

(a) $4^{x^2+1} = 2^{5x+5}$

(b) $4^{(x-2)^2} = 262144$

(c) $\sqrt[x]{27} = 3^{x+2}$

(d) $7^{x+2} = 823543$

(e) $343^x = 16807$

(f) $2^{x^2-2x+1} = 1$

(g) $5^{5x-2} = 390625$

(h) $2^{2x-1} = 4$

(i) $3^{x^2-5x+6} = 1$

(j) $5^{4x^2-8x+3} = 1$

(k) $\sqrt[2x-1]{3}^{x-3} = \sqrt{27}$

(l) $2^{1-x^2} = \frac{1}{8}$

Ejercicios

84. Resuelve las siguientes ecuaciones exponenciales:

(a) $\sqrt[3]{8^x} = 65536$

(b) $4^{x^2-6x} = 16384$

(c) $4^{\sqrt{x+1}} = 2^{\sqrt{x+1}+2}$

(d) $\frac{4^{x-1}}{2^{x+2}} = 128$

(e) $5^{2x-1} = \sqrt[3]{25^{x^2-\frac{1}{4}}}$

(f) $10^{3-x} = 1$

85. Resuelve las siguientes ecuaciones exponenciales:

(a) $3 \cdot 2^x = 2 \cdot 3^x$

(b) $3^{x^2-1} = 134$

(c) $2^{2x} \cdot 2 = 3^x \cdot 3^5$

(d) $10^{x+2} = 5$

Ejercicios

86. Resuelve las siguientes ecuaciones exponenciales:

    (a) $4^x = 17$

    (b) $e^{2x} = 54$

    (c) $3^x \cdot 5^{2x} = 150$

87. Resuelve las siguientes ecuaciones exponenciales:

    (a) $2^{x-1} + 2^x + 2^{x+1} = 7$

    (b) $3^{2x} - 3^{x-1} = 3^{x+1} - 1$

    (c) $5^{2x} - 30 \cdot 5^x + 125 = 0$

    (d) $9^x + 5 \cdot 3^x - 24 = 0$

    (e) $3^{x+2} + 9^{x-1} = 90$

    (f) $3^x + 3^{x+2} = 39$

Ejercicios

88. Resuelve las siguientes ecuaciones exponenciales:

(a) $3^{1-x} - 3^x = 2$

(b) $2 - 3^{-x} + 3^{x+1} = 0$

(c) $4^{x-1} + 2^{x+2} = 48$

(d) $4^{3x} = 8^x + 3$

(e) $2^{x-1} + 4^{x-3} = 5$

(f) $3^x + 3^{1-x} = 4$

(g) $3^x + 9^{x-1} = 4$

(h) $2^{1-x^2} = \frac{1}{8}$

(i) $2^{x-1} + 2^x + 2^{x+1} = 7$

(j) $5^{x+3} - 5^{x-1} - 3120 = 0$

Ejercicios

89. Resuelve las siguientes ecuaciones exponenciales:

    (a) $2^{x+1} + 2^x + 2^{x-1} = 28$

    (b) $2 \cdot 10^{2x+4} + 3 \cdot 10^{x+2} - 5 = 0$

90. Resuelve las siguientes ecuaciones exponenciales:

    (a) $3^{2x} + 3^{2x-1} + 3^{x-1} = 111$

    (e) $e^x - 5e^{-x} + 4e^{-3x} = 0$

    (b) $2^{2x-4} - 5 \cdot 2^{x-3} + 1 = 0$

    (f) $10^{x-2} + 10^{x-4} + 10^{x-6} = 10101$

    (c) $9^{x+2} + 3^{x+3} - 810 = 0$

    (g) $2^{x-1} + 2^{x-2} + 2^{x-3} + 2^{x-4} = 960$

    (d) $5^{x-2} + 5^x + 5^{x+2} = 561$

    (h) $4^{x+1} + 2^{x+3} - 320 = 0$

Ejercicios

91. Resuelve las siguiente ecuación exponencial: $3^{2(x+1)} - 28 \cdot 3^x + 3 = 0$

92. Se sabe que una cierta población de insectos se incrementa en un 9% cada semana. Calcula el tiempo que ha de pasar para que la población se multiplique por cinco.

Soluciones

1. El número es 260.

2. Los números son 15, 17, 19 y 21.

3. 18 años.

4. (a) $x = \frac{25}{12}$ (b) $x = -\frac{126}{11}$

5. (a) $x = \frac{20}{21}$ (c) $x = -7$ (e) $x = \frac{1}{2}$ (g) $x = 2$
   (b) $x = \frac{60}{67}$ (d) Infinitas soluciones   (f) $x = 12$ (h) $x = \frac{9}{32}$

6. (a) $x = 6$ (b) $x = 7$

7. (a) $x = 8$ (b) $x = 2$ (c) $x = 11$

8. 75 participantes.

9. $133 = 108 + 25$

10. 10 y 11.

11. Tardan 5 horas en encontrarse a 280 km de la ciudad de salida del coche que viajaba a 56 km/h y a 320 km de la ciudad de salida del coche que viajaba a 64 km/h.

12. Las bases miden $37,5$ cm y $62,5$ cm y el área es de $1580,94$ cm^2.

13. Los números son -3 y -2.

14. (a) $(x-1)(x+3)$, raíces $x = 1$ y $x = -3$ (e) $(3x-2)(2x+5)$, raíces, $x = \frac{2}{3}$ y $x = -\frac{5}{2}$
    (b) $(2x+1)(x-2)$, raíces, $x = -\frac{1}{2}$ y $x = 2$ (f) $2\left(x-\frac{1}{2}\right)\left(x-\frac{1}{4}\right)$, raíces, $x = \frac{1}{2}$ y $x = \frac{1}{4}$
    (c) $\frac{1}{3}(x-5)(x+2)$, raíces $x = 5$ y $x = -2$ (g) $(3x-2)(x+3)$, raíces $x = \frac{2}{3}$ y $x = -3$
    (d) $-(x+1)(x-4)$, raíces, $x = -1$ y $x = 4$ (h) $(x+1)(x-2)$, raíces $x = -1$ y $x = 2$.

15. No, la ecuación $x = a$ tiene una única solución, mientras que $x^2 = a^2$ tiene dos soluciones $x = \pm a$.

16. (a) $2x^2 + x - 5 = 0$, $s = -\frac{1}{2}$, $p = -\frac{5}{2}$ (g) $4x^2 - 15x - 25 = 0$, $s = \frac{15}{4}$, $p = -\frac{25}{4}$
    (b) $x^2 - 2x - 3 = 0$, $s = 2$, $p = -3$ (h) $x^2 - 26x + 105 = 0$, $s = 26$, $p = 105$
    (c) $x^2 + (1-2a)x + a^2 + 2 = 0$, $s = 2a-1$, $p = a^2 + 2$ (i) $5x^2 - 31x + 30 = 0$, $s = \frac{31}{5}$, $p = 6$
    (d) $x^2 - 22x + 121$, $s = 22$, $p = 121$ (j) $x^2 - 8x + 13 = 0$, $s = 8$, $p = 13$
    (e) $6x^2 - x - 2 = 0$, $s = \frac{1}{6}$, $p = -\frac{1}{3}$ (k) $39x^2 - 36x - 24 = 0$, $s = \frac{12}{13}$, $p = \frac{-8}{13}$
    (f) $x^2 + (1-\sqrt{3})x - \sqrt{3} = 0$, $s = \sqrt{3} - 1$, $p = -\sqrt{3}$ (l) $24x^2 + 17x - 20 = 0$, $s = -\frac{17}{24}$, $p = \frac{5}{6}$

17. (a) $x^2 + 5x = 0$, $s = -5$, $p = 0$ (b) $8x^2 - 6x - 44 = 0$, $s = \frac{3}{4}$, $p = -\frac{11}{2}$

18. (a) $x^2 - 5x + 6 = 0$ (c) $6x^2 + 5x - 1 = 0$ (e) $x^2 - (\sqrt{3} - 1)x - \sqrt{3} = 0$

    (b) $x^2 + 5x + 6 = 0$ (d) $18x^2 - 9x - 2 = 0$ (f) $x^2 - \frac{\sqrt{3}+1}{\sqrt{3}}x + \frac{\sqrt{3}}{3} = 0$

19. (a) $x^2 - 3x - 4 = 0$ (c) $2x^2 + 7x + 6 = 0$ (e) $x^2 - 2x - 2 = 0$

    (b) $x^2 - 8x + 15 = 0$ (d) $x^2 - 2ax - b^2 + a^2 + = 0$

20. (a) $x = 1, x = -\frac{5}{3}$ (c) $x = \frac{\sqrt{6}}{2}, x = -\frac{\sqrt{6}}{2}$ (e) $x = 3, x = 1$

    (b) $x = 8, x = 0$ (d) $x = 4, x = 2$

21. $s = -3$, $p = c$. Como el producto coincide con el término independiente, $c = -18$.

22. Las soluciones de $3x^2 - 4x - 4 = 0$ son $x = 2$ y $x = -\frac{2}{3}$ y las de $-4x^2 - 4x + 3 = 0$, $x = -\frac{3}{2}$ y $x = \frac{1}{2}$, es decir, las de una ecuación son inversas de las de la otra.

23. Las soluciones de la ecuación $x^2 + bx + 2 = 0$ son $x = \frac{-b+\sqrt{b^2-8}}{2}$ y $x = \frac{-b-\sqrt{b^2-8}}{2}$ mientras que las de la ecuación $2x^2 + bx + 1 = 0$ son $x = \frac{-b+\sqrt{b^2-8}}{4}$ y $x = \frac{-b-\sqrt{b^2-8}}{4}$. Unas son inversas de las otras ya que

- $\frac{1}{\frac{-b+\sqrt{b^2-8}}{2}} = \frac{2(b+\sqrt{b^2-8})}{(-b+\sqrt{b^2-8})(b+\sqrt{b^2-8})} = \frac{2(b+\sqrt{b^2-8})}{-8} = -\frac{b+\sqrt{b^2-8}}{4}$

- $\frac{1}{\frac{-b-\sqrt{b^2-8}}{2}} = \frac{2(b-\sqrt{b^2-8})}{(-b-\sqrt{b^2-8})(b-\sqrt{b^2-8})} = \frac{2(b-\sqrt{b^2-8})}{-8} = \frac{-b+\sqrt{b^2-8}}{4}$

24. Las soluciones de la ecuación $ax^2 + bx + c = 0$ son $x = \frac{-b+\sqrt{b^2-4ac}}{2a}$ y $x = \frac{-b-\sqrt{b^2-4ac}}{2a}$ mientras que las de la ecuación $cx^2 + bx + a = 0$ son $x = \frac{-b+\sqrt{b^2-4ac}}{2c}$ y $x = \frac{-b-\sqrt{b^2-4ac}}{2c}$. Unas son inversas de las otras ya que

- $\frac{1}{\frac{-b+\sqrt{b^2-4ac}}{2a}} = \frac{2a(b+\sqrt{b^2-4ac})}{(-b+\sqrt{b^2-4ac})(b+\sqrt{b^2-4ac})} = \frac{2a(b+\sqrt{b^2-4ac})}{-4ac} = -\frac{b+\sqrt{b^2-4ac}}{2c}$

- $\frac{1}{\frac{-b-\sqrt{b^2-4ac}}{2a}} = \frac{2(b-\sqrt{b^2-4ac})}{(-b-\sqrt{b^2-4ac})(b-\sqrt{b^2-4ac})} = \frac{2a(b-\sqrt{b^2-4ac})}{-4ac} = \frac{-b+\sqrt{b^2-4ac}}{2c}$

25. El discriminante de $mx^2 - 3x + 1 = 0$ es $9 - 4m$, por lo que

    (a) para que tenga dos soluciones, $9 - 4m > 0$, es decir, $m < \frac{9}{4}$.

    (b) para que tenga una solución, $9 - 4m = 0$, $m = \frac{9}{4}$.

    (c) para que no tenga solución, $m > \frac{9}{4}$.

26. Perímetro 56 cm y área 84 cm.

27. 13 y 14, o bien -14 y -13.

28. 39, 41 y 43, o bien, $-43, -41$ y -39.

29. Pedro tiene 21 años.

30. Los catetos miden 5 y 12, respectivamente.

31. Los lados miden, respectivamente, 39, 36 y 15.

32. $k = \frac{16}{9}$.

33. $b = \pm 10$, y las raíces serían 3 y 7 o bien -7 y -3.

34. La ecuación sería $-x^2 + 24x - 143 = 0$, cuyas soluciones son 11 y 13. Por otro lado, la ecuación para el rectángulo de 13 cm² de área y 14 cm de perímetro sería $-x^2 + 7x - 13 = 0$, que no tiene solución real, por lo que no existe ningún rectángulo que cumpla las condiciones del problema.

35. $34, 80$ cm.

36. 16 y 18.

37. 6, 8 y 10.

38. $10 \times 14 \times 6$ cm.

39. (a) $x = 1, x = -2, x = 3$
    (b) $x = -\frac{1}{2}, x = 3, x = \frac{2}{5}$
    (c) $x = -5, x = \sqrt{3}, x = -\sqrt{3}$
    (d) $x = -5, x = 3, x = -1, x = 2$

40. (a) $x = \frac{\sqrt{30}}{6}, x = -\frac{\sqrt{30}}{6}$
    (b) $x = 1, x = -2, x = \frac{1}{3}, x = -\frac{3}{2}$
    (c) $x = 2, x = -\frac{3}{2}$
    (d) $x = -1, x = 2, x = -3$
    (e) $x = 2, x = -3, x = \frac{1}{3}$
    (f) $x = 1, x = -2, x = \frac{1}{3}, x = -\frac{1}{2}$

41. (a) $x = -1, x = 1$
    (b) $x = 0, x = -3, x = 5$
    (c) $x = 2, x = -2$
    (d) $x = 1, x = -\sqrt{3}, x = \sqrt{3}$
    (e) $x = -1, x = -4, x = -\frac{2}{3}, x = \frac{2}{3}$
    (f) $x = -1, x = 2, x = \frac{2}{3}, x = -\frac{4}{3}$
    (g) $x = -1, x = \frac{1}{2}, x = \frac{3}{2}$
    (h) $x = 0, x = -2, x = 2, x = -\frac{2}{3}$
    (i) $x = -3, x = 4, x = 1 + \sqrt{3}, x = 1 - \sqrt{3}$
    (j) $x = 0, x = -1, x = 2, x = 2 + \sqrt{5}, x = 2 - \sqrt{5}$
    (k) $x = -2, x = 6$
    (l) $x = -4, x = 4, x = \frac{2}{5}$

42. (a) $x = -1, x = -\frac{1}{3}, x = \frac{1}{3}$
    (b) $x = 0, x = 4, x = \frac{1}{4}, x = \frac{2}{3}$
    (c) $x = -2, x = 3$
    (d) $x = 1, x = -\frac{3}{2}, x = \frac{5}{3}$
    (e) $x = 0, x = 1, x = -3, x = 3$
    (f) $x = 7, x = -7, x = 6, x = -6$

43. (a) $(x^2 + 1)(x^2 + 9) = 0$, sin raíces.
    (b) $9(x - \sqrt{2})^2(x - \sqrt{2})^2 = 0, x = \sqrt{2}, x = -\sqrt{2}$
    (c) $(x - 3)(x + 3)(x^2 + 1) = 0, x = 3, x = -3$
    (d) $9(x - \frac{2}{3})(x + \frac{2}{3})(x^2 + 1) = 0, x = \frac{2}{3}, x = -\frac{2}{3}$
    (e) $(x - 2)(x + 2)(x - 1)(x + 1) = 0, x = \pm 2, x = \pm 1$
    (f) $(x^2 + 5)(x^2 + 2) = 0$, sin raíces.

44. (a) $(x^2 + 3)(x^2 + 1) = 0$, sin raíces.
    (b) $4(x^2 + 3)(x - \frac{1}{2})(x + \frac{1}{2}) = 0, x = \pm \frac{1}{2}$
    (c) $(x + 5)(x - 5)(x^2 + 3) = 0, x = \pm 5$
    (d) $6(x^2 + \frac{1}{3})(x^2 + \frac{1}{2}) = 0$, sin raíces.
    (e) $4(x + 3)(x - 3)(x + \frac{1}{2})(x - \frac{1}{2}) = 0, x = \pm 3, x = \pm \frac{1}{2}$
    (f) $15(x^2 + \frac{2}{5})(x^2 + \frac{5}{3}) = 0$, sin raíces.
    (g) $(x - 4)(x + 4)(x - 1)(x + 1) = 0, x = \pm 4, x = \pm 1$
    (h) $(x - \sqrt{2})(x + \sqrt{2})(x^2 + 1) = 0, x = \pm\sqrt{2}$
    (i) $(x^2 + 1)(x^2 + 2) = 0$, sin raíces.
    (j) $2(x^2 + \frac{3}{2})(x^2 + 2) = 0$, sin raíces.
    (k) $25(x^2 + 5)(x - \frac{2}{5})(x + \frac{2}{5}) = 0, x = \frac{2}{5}, x = -\frac{2}{5}$
    (l) $(x - 3)(x + 3)(x - 5)(x + 5) = 0, x = 3, x = -3, x = 5, x = -5$

45. (a) $(x - 2)(x + 2)(x - 5)(x + 5) = 0, x = 5, x = -5, x = 2, x = -2$

(b) $4(x^2+\frac{1}{4})(x^2+25)=0$, sin raíces.

(c) $(x-1)(x+1)(x-3)(x+3)=0$, $x=3$, $x=-3$, $x=1$, $x=-1$

(d) $(x-2)(x+2)(x-3)(x+3)=0$, $x=3$, $x=-3$, $x=2$, $x=-2$

(e) $(x-6)(x+6)(x-5)(x+5)=0$, $x=6$, $x=-6$, $x=5$, $x=-5$

(f) $(x-4)(x+4)(x-5)(x+5)=0$, $x=4$, $x=-4$, $x=3$, $x=-3$

(g) $(x^2+9)(x-5)(x+5)=0$, $x=5$, $x=-5$

(h) $(x-6)(x+6)(x-4)(x+4)=0$, $x=6$, $x=-6$, $x=4$, $x=-4$

(i) $9(x-1)(x+1)(x-\frac{2}{3})(x+\frac{2}{3})=0$, $x=1$, $x=-1$, $x=\frac{2}{3}$, $x=-\frac{2}{3}$

46. (a) $(x^2+5)(x-2)(x+2)=0$, $x=2$, $x=-2$

    (b) $(x^2+10)(x^2+8)=0$, sin raíces.

    (c) $\left(x-\sqrt{\frac{5+\sqrt{37}}{2}}\right)\left(x-\sqrt{\frac{5-\sqrt{37}}{2}}\right)\left(x+\sqrt{\frac{5+\sqrt{37}}{2}}\right)\left(x+\sqrt{\frac{5-\sqrt{37}}{2}}\right)=0$, $x=\sqrt{\frac{-5+\sqrt{37}}{2}}$, $x=-\sqrt{\frac{-5+\sqrt{37}}{2}}$, $x=\sqrt{\frac{-5-\sqrt{37}}{2}}$, $x=-\sqrt{\frac{-5-\sqrt{37}}{2}}$

    (d) $(x+11)(x-11)(x+2)(x+2)=0$, $x=11$, $x=-11$, $x=2$, $x=-2$

47. $4x^4+13x^2+9=(x^2+1)(4x^2+9)$, que no se puede factorizar más, ya que los factores de segundo grado son primos.

48. (a) $x=\pm 2$ (b) $x=\pm 5$

49. (a) $x=\pm\frac{3}{2}$ (e) $x=\pm 3$, $x=0$ (doble) (i) $x=\pm 2$, $x=0$ (doble)

    (b) $x=\pm 5$, $x=0$ (doble) (f) $x=0$ (doble) (j) $x=0$ (doble)

    (c) $x=0$ (doble) (g) $x=\pm 2$ (k) Sin raíces.

    (d) $x=0$ (doble) (h) $x=0$ (doble) (l) $x=\pm 2$

50. (a) Es bicuadrada. (c) No es bicuadrada, ya que hay término x.

    (b) No es bicuadrada, ya que hay término x. (d) Es bicuadrada.

51. Las otras dos soluciones son $x=-2$ y $x=3$.

52. (a) $(x-2)(x+1)(x-4)=x^3-5x^2+2x+8=0$

    (b) $(x-3)(x+3)(x-1)=x^3-x^2-9x+9=0$

53. $5x^2(x-1)(x+1)=5x^4-5x^2=0$.

54. (a) $t^2-17t+16=0$, $x=2$, $x=-2$, $x=1$, $x=-1$ (g) $t^2-10t+16=0$, $x=2$, $x\sqrt[3]{2}$

    (b) $t^2+31t-32=0$, $x=1$, $x=-2$ (h) $t^2+65t+64=0$, $x=-1$, $x=-4$

    (c) $6t^2-12t=0$, $x=2^{\frac{1}{5}}$, $x=0$ (i) $t^2+24t-81=0$, $x=-3$, $x=\sqrt[3]{3}$

    (d) $t^2-33t+32=0$, $x=2$, $x=1$ (j) $3t^2+27t=0$, $x=0$, $x=-\sqrt[3]{9}$

    (e) $t^2-13t+36=0$, $x=\sqrt{3}$, $x=-\sqrt{3}$, $x=\sqrt{2}$, $x=-\sqrt{2}$ (k) $t^2-9t+8=0$, $x=1$, $x=2$

    (f) $t^2-7t-8=0$, $x=2$, $x=-1$ (l) $t^2-7t+6=0$, $x=1$, $x=\sqrt[3]{6}$

55.

(a) $x = -3$
(b) $x = -3$
(c) $x = -\frac{1}{2}$
(d) $x = 2, x = -2, x = 1, x = -1$
(e) No tiene solución.
(f) $x = 1, x = -\frac{3}{2}$
(g) $x = -3$
(h) No tiene solución.
(i) $x = -1, x = -2$
(j) $x = \frac{32}{7}, x = 8$

56. (a) $x = -\frac{4}{3}, x = 2$
    (b) $x = 2$
    (c) $x = 1$
    (d) $x = \frac{1}{2}$
    (e) $x = -\frac{4}{3}, x = 2$
    (f) $x = -5, x = 3$
    (g) $x = -5$
    (h) $x = -\frac{5}{11}$

57. (a) No pueden ser solución $x = 5$ y $x = 1$.
    (b) No pueden ser solución $x = 2, x = -3$ y $x = 4$.

58. (a) $x = -\sqrt{17} + 2, x = 2 + \sqrt{17}$
    (b) $x = -5$
    (c) $x = -\frac{14}{9}, x = 3$
    (d) $x = 2, x = \frac{\sqrt{22}-1}{7}, x = -\frac{1+\sqrt{22}}{7}$
    (e) $x = \frac{1}{2}$
    (f) $x = 0$
    (g) $x = -6$
    (h) $x = \frac{13}{29}$
    (i) $x = 5, x = -5, x = 4, x = -4$
    (j) No tiene solución.

59. (a) $x = -3\left(1 + \sqrt{5}\right), x = 3\left(\sqrt{5} - 1\right)$
    (b) $x = 4, x = -4, x = 0$
    (c) $x = \frac{3\sqrt{2}}{2}, x = -\frac{3\sqrt{2}}{2}$
    (d) $x = \frac{\sqrt{11+\sqrt{145}}}{2}, x = -\frac{\sqrt{11+\sqrt{145}}}{2}, x = \frac{\sqrt{11-\sqrt{145}}}{2}, x = -\frac{\sqrt{11-\sqrt{145}}}{2}$
    (e) $x = 3$

60. 23 discos.

61. (a) $x = 2$
    (b) $x = 6$
    (c) $x = 3$
    (d) $x = \sqrt{6}, x = -\sqrt{6}$

62. (a) $x = \frac{1}{2}$
    (b) Sin solución.
    (c) $x = 12$
    (d) $x = 8$
    (e) $x = 5$
    (f) $x = \frac{25}{2}$
    (g) Sin solución.
    (h) $x = -\frac{3}{2}$
    (i) $x = \frac{1}{4}$
    (j) $x = 28$

63. (a) $x = 4$
    (b) $x = 5$
    (c) $x = 7$
    (d) $x = 9$
    (e) $x = -5$
    (f) $x = 7$
    (g) $x = 4$
    (h) $x = 5, x = 1$
    (i) $x = 4$
    (j) $x = 2\left(2 - \sqrt{2}\right)$

64. (a) $x = -2$
    (b) $x = 2$
    (c) $x = 1$

65. (a) $x = 5$
    (b) Sin solución.
    (c) $x = -1$
    (d) $x = 10$
    (e) $x = 15, x = 7$
    (f) $x = 5, x = 1$

66. (a) $x = -2$
    (b) $x = 5$
    (c) $x = 11$
    (d) $x = \frac{1}{6}$
    (e) $x = \frac{25}{64}$
    (f) Sin solución.
    (g) $x = 6$
    (h) $x = 0$
    (i) $x = 4$
    (j) $x = 5$

67. (a) $x = 4$
    (b) $x = 9$
    (c) $x = \frac{4}{3}$
    (d) $x = 3$
    (e) $x = \frac{13}{9}$

68. (a) $x = \frac{5}{4}$
    (b) No tiene solución.
    (c) No es irracional.
    (d) No es irracional.

69. (a) Para resolver la ecuación $\sqrt{4x-2}+x+2=0$, dejamos la raíz sola en el primer miembro $\sqrt{4x-2} = -x-2$ y elevamos al cuadrado, $\left(\sqrt{4x-2}\right)^2 = 4x-2 = (-x-2)^2 = x^2+4x+4$, de donde, simplificando $x^2+6=0$, que no tiene solución real, ya que $x = \pm\sqrt{-6}$ no existe.
    (b) Para resolver la ecuación $\sqrt{x-3} = 1+\sqrt{x}$, elevamos al cuadrado, $\left(\sqrt{x-3}\right)^2 = x-3 = (1+\sqrt{x})^2 = 1+x+2\sqrt{x}$. Aislamos la raíz en el segundo miembro, $-4 = 2\sqrt{x}$ y elevando al cuadrado, $16 = 4x$, de donde $x = 4$. Pero, al sustituir x por 4, queda $\sqrt{4-3} = 1+\sqrt{4}$, de donde $1 \neq 3$.

70. (a) $x=1, x=4$
    (b) Sin solución.
    (c) $x=-3$
    (d) $x=2601$
    (e) $x=\frac{5}{8}$
    (f) $x=-3$
    (g) $x=-3$
    (h) $x=4, x=\frac{2-\sqrt{3}}{2}$

71. (a) $x=10$
    (b) $x=3$
    (c) $x=9$
    (d) $x=5$

72. La suma de las áreas es 53.

73. $x=15$.

74. $x=\frac{1}{4}$.

75. (a) $x=\frac{1}{2}$
    (b) $x=\frac{75}{34}$
    (c) Sin solución.
    (d) Sin solución.

76. (a) $x=7$
    (b) $x=4$
    (c) $x=\frac{1}{20}$
    (d) $x=100$
    (e) $x=80, x=20$
    (f) $x=1$
    (g) $x=\frac{13}{5}$
    (h) $x=-1, x=2, x=-\frac{4}{3}$
    (i) $x=1, x=3$
    (j) $x=1$

77. (a) $x=2$
    (b) Sin solución.
    (c) $x=10, x=\frac{1}{100}$
    (d) $x=\frac{4-\sqrt{3}}{2}, x=\frac{4+\sqrt{3}}{2}$
    (e) $x=\frac{12}{5}$
    (f) $x=2, x=3$
    (g) $x=\frac{1}{3}, x=3$
    (h) $x=25, x=5\sqrt{5}$

78. (a) $x=4$
    (b) $x=\frac{7}{2}$

79. (a) $x=1, x=4$
    (b) Sin solución.
    (c) $x=4$
    (d) $x=\frac{1}{2}$
    (e) $x=7$
    (f) $x=2$.

80. $x=5$

81. $x=6$

82. (a) $x=0, x=\frac{1}{2}$
    (b) $x=-1$
    (c) $x=3, x=-\frac{3}{2}$
    (d) $x=2$

83. (a) $x=3, x=-\frac{1}{2}$
    (b) $x=5, x=-1$
    (c) $x=1, x=-3$
    (d) $x=5$
    (e) $x=\frac{5}{3}$
    (f) $x=1$
    (g) $x=2$
    (h) $x=\frac{3}{2}$
    (i) $x=2, x=3$
    (j) $x=\frac{1}{2}, x=\frac{3}{2}$
    (k) $x=-\frac{3}{4}$
    (l) $x=-2, x=2$

84. (a) $x = 16$ (c) $x = 3$ (e) $x = \frac{1}{2}, x = \frac{5}{2}$
    (b) $x = 7, x = -1$ (d) $x = 11$ (f) $x = 3$

85. (a) $x = 1$ (c) $x = \frac{\ln\left(\frac{243}{2}\right)}{\ln\left(\frac{4}{3}\right)}$
    (b) $x = \frac{\sqrt{\ln(3)}\sqrt{\ln(402)}}{\ln(3)}, x = -\frac{\sqrt{\ln(3)}\sqrt{\ln(402)}}{\ln(3)}$ (d) $x = \frac{\ln(5)}{\ln(10)} - 2$

86. (a) $x = \frac{\ln(17)}{2\ln(2)}$ (b) $x = \frac{\ln(54)}{2}$ (c) $x = \frac{\ln(150)}{\ln(75)}$

87. (a) $x = 1$ (c) $x = 2, x = 1$ (e) $x = 2$
    (b) $x = 1, x = -1$ (d) $x = 1$ (f) $x = \frac{\ln\left(\frac{39}{10}\right)}{\ln(3)}$

88. (a) $x = 0$ (d) $x = \frac{\ln\left(\frac{1+\sqrt{13}}{2}\right)}{3\ln(2)}$ (f) $x = 1, x = 0$ (i) $x = 1$
    (b) $x = -1$ (g) $x = 1$
    (c) $x = 3$ (e) $x = 3$ (h) $x = -2, x = 2$ (j) $x = 2$

89. (a) $x = 3$ (b) $x = -2$

90. (a) $x = 2$ (c) $x = 1$ (e) $x = \ln(2), x = 0$ (g) $x = 10$
    (b) $x = 3, x = 1$ (d) $x = \frac{\ln\left(\frac{187}{217}\right)}{\ln(5)} + 2$ (f) $x = 6$ (h) $x = 3$

91. $x = 1, x = -2$

92. $x = \frac{\ln(5)}{\ln(1,09)}$.

www.ingramcontent.com/pod-product-compliance
Lightning Source LLC
Chambersburg PA
CBHW041531220426
43672CB00002B/9